Louis de Carné

La Constitution
de l'unité nationale
en France

essai

ISBN : 978-1534929678

10 9 8 7 6 5 4 3 2 1

Louis de Carné

La Constitution
de l'unité nationale
en France

essai

Table de Matières

La Constitution de l'unité nationale en France[1]

La force de la France résulte du parfait accord des éléments qui la constituent, et le dire après tant d'autres, c'est répéter un lieu commun. Toutes les nations admirent et envient cet organisme merveilleux qui fait vivre d'une vie commune trente-quatre millions d'hommes, conservant tous, dans la diversité de leurs caractères et l'infinie variété de leurs pensées, le culte d'une même patrie et le chaleureux dévouement à une même cause. La France n'est point une agglomération de provinces réunies par les caprices de la force et du hasard : c'est la nationalité la plus compacte qui soit apparue dans le monde, et elle est une comme l'homme est un.

Il y a sans doute au sein de cette grande société des partis et des écoles qui se produisent dans la pleine liberté de leurs idées et de leurs espérances ; mais la différence des intérêts, celle non moins profonde des points de vue, n'y sont point déterminées par des influences locales, et les opinions n'y connaissent pas de frontières. La Lorraine et la Bretagne, l'Artois et la Provence, n'ont pas une manière propre de juger les événements qui intéressent la nation ; et, lorsque celle-ci est divisée par les factions, l'élément territorial reste étranger aux inspirations qu'elles reçoivent comme aux déterminations qu'elles peuvent prendre. C'est pour maintenir les droits sacrés de la conscience, et non pour retrouver une existence distincte, que la Vendée a livré ses héroïques combats ; et, si la Gironde fit appel aux départements contre Paris, ce fut pour résister à l'oppression d'un parti, non pour réveiller le souvenir d'un passé dont elle était fort ignorante et fort peu soucieuse.

Lorsque l'on compare cette situation, si fortement assise sur la conscience de tous, à celle des principaux états européens, qui ont moins à compter avec leurs voisins qu'avec eux-mêmes, on a le secret de notre puissance morale et des ombrageuses susceptibilités qu'elle excite. L'Allemagne se débat dans un travail stérile pour relier les membres épars du vaste corps au sein duquel la réforme

---

1 On n'a pas oublié les monographies de Duguesclin, de Richelieu, de Henri IV, publiées dans cette *Revue* par M. L. de Carné. Le morceau que nous donnons aujourd'hui appartient à la même série, qui, augmentée de quelques portraits historiques, formera un livre important sous ce titre : *Études sur les fondateurs de l'unité nationale en France.*

Louis de Carné

introduisit le germe d'une division incurable. Séparée par la paix comme par la guerre, par les actes de Westphalie aussi bien que par les victoires de Frédéric II, elle n'a retrouvé, depuis 1815, une sorte d'unité dans son action extérieure que par l'effet des appréhensions qu'elle éprouve, et voici qu'après une compression de plus de trente années, l'Autriche s'émeut au réveil du génie guelfe en Italie, au spectacle d'une assemblée délibérante siégeant à Berlin ; voici qu'elle entend au fond des steppes de la Hongrie et jusque dans les calmes cités de la Bohême retentir, dans un idiome longtemps étouffé sous la langue des vainqueurs, des cris de menace et d'espérance. L'empire britannique est plus que jamais divisé contre lui-même, et l'Irlande demeure à toujours pour l'Angleterre une plaie, une expiation et un opprobre. Au nord de l'Europe, la Suède n'a, depuis trente ans, d'autre souci que de s'assimiler la Norvège ; la Russie est arrêtée dans son expansion naturelle vers le Bosphore par les convulsions de la Pologne, aussi redoutable dans ses chaînes qu'elle le fut jamais dans sa liberté. Au midi, la péninsule espagnole témoigne, par ses efforts infructueux pour parvenir à l'unité politique, des résistances que lui oppose la triple barrière élevée par les traditions, par les mœurs et par les intérêts. Si des conjurés dans leurs *ventes* et des rêveurs dans leurs écrits célèbrent les destinées promises à la jeune Italie, à la jeune Suisse, à la jeune Allemagne, les populations qu'on s'efforce de rapprocher par des étreintes convulsives plutôt que par des sympathies véritables ne restent pas moins profondément divisées. Les Romagnols et les Vénitiens, les Florentins et les Lucquois, en Italie ; les Rhénans et les Anséates, les naïfs chasseurs des vallées tyroliennes et les austères réformés de la vieille Prusse, dans l'ancien empire germanique, concentrent leur existence, comme s'est concentrée leur histoire, aux murs de leurs cités et aux horizons qu'ils embrassent, et, si la suspicion contre l'étranger réunit parfois les cœurs dans les mêmes antipathies, la vie nationale est encore à naître au sein de ces peuples, contraints, pour s'élancer dans l'avenir auquel on les convie, de sauter à pieds joints par-dessus tout leur passé. La Suisse, malgré les violences d'un parti aussi étranger à son histoire qu'aux principes de la sociabilité, reste ce que Dieu l'a faite, une collection de grandes municipalités séparées par leurs croyances plus profondément encore que par leurs montagnes. L'Allemagne elle-même est une grande Suisse, où de faibles souverainetés luttent au hasard contre une opinion publique qui ne sait malheureusement quel cours se donner à elle-même. Partout enfin l'incertitude du but à atteindre et l'absence de direction pour y marcher attestent le vice originaire de ces sociétés, qui ne sont pas développées comme la nôtre d'après un plan naturel et uniforme.

Il n'est pas plus donné aux chancelleries qu'aux factions de corriger la nature et de suppléer au temps. C'est en vain qu'on proclame avec éclat l'unité primitive des races allemandes, qu'on lui élève des temples et qu'on prononce sur ce thème de solennelles harangues. L'archéologie ne saurait faire les miracles qu'on lui demande ; une nationalité ne se compose pas, comme un mémoire à l'Académie des Inscriptions, à coups de textes pédantesquement colligés ; il n'est pas donné aux plus grands hommes, même aux plus grands princes, de suppléer aux réalités par des formules, aux libertés constitutionnelles par des théories historiques.

Il suffit de mettre en regard de ces créations artificielles de la force et de la politique cette individualité française au sein de laquelle la vie circule incessamment du centre aux extrémités, pour faire comprendre son ascendant moral sur l'Europe dont elle est l'âme. La formation de cette grande unité nationale, le travail des hommes convergeant vers le même but que celui des siècles, pour commencer par les mains de Louis-le-Gros l'œuvre qui s'achève sous Louis XIV, sans qu'aucune vicissitude ait jamais détourné la France du but assigné à ses efforts et à sa fortune, c'est là un des plus imposans spectacles qu'ait présentés l'histoire. Il constitue à lui seul l'intérêt principal de nos annales ; c'est par là que celles-ci se transforment en une vaste épopée, qui enlace dans le cadre d'un plan divin tous les caprices des hommes et tous les accidents des choses.

Pour atteindre un tel but, la Providence a donné à la nation choisie par elle une succession de souverains et de ministres, tous dévoués à la même pensée, et qui tous ont cherché leur grandeur au service de la même cause. Si d'autres carrières ont été plus éclatantes, si d'autres contrées ont vu passer sur le trône de plus grands princes, on peut affirmer qu'en aucun pays les princes n'ont été plus utiles aux peuples, et ne se sont dévoués avec une telle obstination à poursuivre les mêmes desseins et à triompher des mêmes obstacles. Les Hohenstauffen étaient de plus puissants esprits que les Capétiens ; la maison de Plantagenet a produit de plus grands capitaines que la race des Valois ; Charles-Quint exerça sur le monde un prestige d'autorité auquel fut bien loin d'atteindre François Ier, et pourtant la France doit plus de reconnaissance à ses rois que l'empire, l'Angleterre et l'Espagne n'en doivent aux leurs. C'est que jamais princes n'ont aussi efficacement servi une nation et n'ont aussi nettement deviné son avenir. Les rois ont pétri la France comme l'abeille pétrit son miel ; le temps a fait le reste ; chaque génération, dans son passage, a laissé tomber sa goutte d'eau pour la formation de ce cristal magnifique, qui défie les siècles parce qu'il est leur ouvrage.

Ce n'est ni par la configuration géologique, comme l'ont voulu les uns, ni par la nature des éléments primordiaux de la nation, comme d'autres l'ont prétendu, qu'il est possible d'expliquer cette assimilation générale et cette tendance à la concentration du pouvoir, qui se produisit en France dès la première race, et qui trouva dans Napoléon son expression la plus formidable en même temps que la plus complète.

Si le périmètre du vaste bassin qui s'étend des Pyrénées à l'Océan, au Rhin et au Rhône, suffisait pour expliquer la formation d'une grande unité politique, pourquoi ce phénomène ne se serait-il pas également produit dans les deux péninsules voisines, placées, par leur isolement même, dans des conditions plus favorables peut-être à la réalisation de ce phénomène ? Pourquoi la riche Italie, baignée par deux mers, a-t-elle vécu d'une vie purement municipale ? Pourquoi l'Espagne, séparée de l'Europe par une infranchissable barrière, est-elle demeurée divisée en royaumes que quarante années de révolutions et de douleurs n'ont pu confondre encore sous une législation commune ? D'ailleurs, au point de vue géographique, l'Allemagne, délimitée par le Rhin, arrosée par tant de cours d'eau navigables, vers lesquels ses plateaux s'abaissent en pentes insensibles, ne semblait-elle pas convier les populations à des communications faciles et à la plus étroite intimité ? N'en est-il pas ainsi de ces immenses espaces où la race slave vit dans des plaines fertilisées par les plus grands fleuves de l'Europe, sans être jamais parvenue à s'appartenir à elle-même et à compter parmi les nations ?

L'œuvre à laquelle ont travaillé nos pères pendant six siècles, et dont nous jouissons pleinement depuis Richelieu, ne s'explique pas davantage par la nature des éléments dont l'agglomération a formé notre nationalité ; car, si jamais pays semblait voué à une division éternelle, c'était assurément la Gaule. Personne n'ignore qu'avant la conquête romaine cette contrée était habitée par des peuples d'origine diverse, étrangers les uns aux autres par leurs mœurs comme par leurs langues et leurs lois.[1] En portant ses colonies et ses habitudes élégantes au milieu des barbares qui lui avaient héroïquement résisté, Rome sut se venger de ces résistances mêmes et en prévenir le retour. Les Gaules fléchirent sous l'Italie, les vieilles mœurs sous les nouvelles, et, selon leur admirable politique, les vainqueurs se mêlèrent aux vaincus en élevant ceux-ci jusqu'à eux. Arles, Nîmes, Narbonne, devinrent de riches cités romaines, et, pendant que les chefs des Aquitains et des Celtes entraient au sénat et formaient la garde des empereurs, les colons de la Ligurie et les vétérans du Latium cultivaient les vineuses campagnes de la Bourgogne. Depuis la cité grecque de Marseille jusqu'aux remparts de Lutèce, la ville chérie de Julien, tout porta l'empreinte du génie étranger, et les races étaient confondues comme les mœurs et les idiomes, au moment marqué par la Providence pour renouveler la face du monde.

Dans ces jours d'expiation, une nuée de barbares s'abattit ces quatre vents du ciel sur ce sol, devenu le rendez-vous de peuples inconnus. Pendant que les Visigoths formaient au midi un vaste royaume, les Burgondes s'établissaient à l'est, du Rhône au Jura ; les Francs, attirés vers une contrée qu'ils embrassèrent longtemps du regard avant d'y fixer leurs tentes, faisant enfin succéder de durables établissements à des incursions stériles, s'établissaient au-delà de la Meuse ; puis, ressuscitant ce fantôme de l'unité romaine qu'un souffle de leurs fortes poitrines avait fait disparaître, et se parant de cette pourpre impériale qu'ils avaient mise en lambeaux, leurs chefs se mirent en demeure d'appliquer à de plus vastes territoires le droit étrange de succession dont ils s'étaient fait un titre. Celtes aborigènes dans toutes les provinces, Celtes renforcés par de nombreuses émigrations bretonnes en Armorique, sang nor-

1 Gallia est omnis divisa in tres partes, quarum unam incolunt Belgae, aliam Aquitani, tertiam qui ipsorum linguâ Celtae, nostrâ Galli appellantur. Hi omnes linguâ, institutis, legibùs inter se differunt. — *Coesaris Commentarii*, lib. I.

Louis de Carné

végien mêlé au sang indigène en Neustrie ; à l'est, Romains, Gallo-Romains et Burgondes ; Visigoths au midi ; au nord, des Francs et des Germains de souches diverses et le plus souvent ennemies : tels étaient, aux premiers siècles de la monarchie qui succédait à la puissance impériale, les éléments divers épars dans cette contrée, destinée à s'appeler bientôt la France.

Entre les agglomérations de peuplades conquérantes et voyageuses qui se partagèrent l'Europe après le grand cataclysme, celle qui s'était établie du Rhin aux Pyrénées semblait assurément moins prédestinée que toutes les autres à devenir le noyau d'une vaste unité politique. L'Italie était restée plus compacte que la Gaule sous le torrent de l'invasion lombarde, et n'avait pas tardé à s'assimiler les barbares, inclinés devant le prestige de ses grandeurs immortelles. L'Allemagne, bien que sillonnée par des peuples d'origine asiatique, s'était, du moins dans les provinces du nord et du centre, maintenue en pleine possession de son caractère, de sa langue et de son génie ; la race germanique, peu entamée par l'influence romaine, n'avait cédé au fléau de Dieu ni le sol ni l'empire ; elle était sortie de ses forêts pour devenir conquérante sans avoir été subjuguée, et pourtant on vit bientôt cette race, dont la nature et les événements semblaient avoir préparé l'assimilation, donner le spectacle d'une division et d'une impuissance qui se sont prolongées jusqu'à nous.

La science décorée de nos jours du nom pompeux de philosophie de l'histoire a, pour expliquer les destinées différentes réservées aux peuples, des procédés très simples et des arguments péremptoires. Résolue de trouver la raison de tout et de vaticiner sur le passé comme les prophètes sur l'avenir, une certaine école signale tantôt dans les accidents du sol ou les influences atmosphériques, tantôt dans le caractère et le tempérament des peuples, parfois dans l'émail des yeux, la couleur de la chevelure et jusque dans la coupe des vêtements, les causes des plus grands phénomènes, de l'histoire. Pour elle, les. faits usuels, les naïfs détails de la vie domestique, ont mille significations symboliques qui vous échappent et vous confondent ; chaque terroir a sa vertu, chaque race a sa mission, chaque costume a sa portée philosophique, et le tailleur travaille en vertu d'un fiat d'en haut. C'est le, côté hiératique de la nature qui échappe au vulgaire, et dont les arcanes s'entr'ouvrent devant les seuls initiés. Telle province doit fournir des philosophes,

telle autre des jurisconsultes, une troisième est la patrie prédestinée des poètes ou des orateurs. Il suffit d'observer la forme de
certaines montagnes ou de suivre en rêvant le cours de certains
fleuves pour avoir la perception distincte des grandes scènes du
passé, et, pour peu qu'on observe avec attention, par exemple,
la coiffure des Cauchoises, il est impossible de ne pas deviner la
conquête de l'Angleterre par les Normands.[1]

La France, pays du bon sens, a fait trop d'honneur à ces ingé-
nieuses pauvretés en leur permettant de s'étaler devant elle avec
leurs garnitures de clinquant, au temps même où les études historiques prenaient, sous la plume d'historiens publicistes et d'écrivains hommes d'état, des proportions qu'elles n'avaient pas atteintes
jusqu'alors. En prêtant l'oreille à ces puériles affirmations, aussi
bien qu'en accoutumant ses yeux à l'éclat facile des œuvres pitto-
resques et brillantées, elle a rendu ingrate et presque impossible la
tâche des écrivains qui respectent encore la conscience publique. Il
est devenu difficile de prendre beaucoup de peine pour un public
résolu à en prendre si peu lui-même ; il est plus difficile encore, en
présence des assertions tranchantes et des solutions systématiques,
de ne dire que ce qu'on sait, de confesser ce qu'on ignore, et de
chercher dans des causes primordiales et multiples l'engendrement
d'effets multiples eux-mêmes et souvent contradictoires entre eux ;
il est enfin souverainement délicat et presque ridicule, en face d'un
siècle auquel on a donné des explications pour toutes choses, de
reconnaître qu'après tout il n'y a que la volonté de Dieu et les vues
de sa providence pour expliquer les principaux accidents de l'histoire. Telle est pourtant la vérité, et l'on n'est un historien qu'à la
condition de le croire, de le dire et de le prouver.

Le principal titre d'honneur des lettres françaises dans notre
siècle est assurément le progrès des sciences historiques, provoqué
par l'association de l'esprit politique à l'esprit d'investigation. On
a observé les peuples dans l'intimité de leur existence en cessant
de s'arrêter aux incidents et aux noms propres, et l'on s'est efforcé
d'étudier à leurs sources mêmes la vie des nations et le génie des
races, afin d'en signaler les lointains écoulements. De grands esprits sont parvenus à appliquer avec bonheur l'expérience, acquise
au prix des révolutions, au discernement des faits dont la signi-

---

1 M. Michelet., *Hist. de France*, t. II.

Louis de Carné

fication avait échappé à nos pères. Pour nous, l'histoire est donc devenue plus pratique et plus transparente ; mais, à côté de ces avantages, cette méthode politique n'a pu manquer de présenter aussi ses inconvénients : le côté divin des choses s'est en quelque sorte dérobé aux regards, et l'action de la Providence a cessé d'être sensible. Remettre Dieu en pleine possession de l'histoire sera désormais la grande tâche dévolue au génie, et c'est surtout dans nos glorieuses annales que sa pensée resplendit toujours visible et toujours présente.

Si, contrairement à toutes les vraisemblances humaines, il est sorti de la vaste confédération des Gaules transformée par Rome et bouleversée par les barbares une monarchie plus compacte et plus forte que les autres états continentaux, c'est que la Providence a voulu qu'il en fût ainsi. Pour la suite de ses desseins sur le monde, il fallait un peuple au bras fort, à l'esprit logique et résolu, qui vécût d'une même pensée et s'inspirât aux mêmes sources d'enthousiasme et de dévouement ; il fallait au centre de l'Europe une nation capable d'accepter avec entraînement et d'accomplir avec persévérance la grande mission sociale réservée à son initiative. Dieu a donc marqué la France d'un sceau d'élection qui brille à son front aux jours mêmes où elle le répudie ; il lui a prodigué moins encore les grands hommes que les hommes utiles ; il a mis dans l'esprit de la race royale appelée à la gouverner depuis huit siècles une unité de vues sans exemple dans les autres monarchies ; il l'a enfin dotée de la sainte faculté de croire et de se dévouer pour ses croyances. Qu'en se plaçant à ce point de vue, le seul véritable, s'il est une Providence pour l'humanité, on jette un rapide coup d'œil sur la succession de nos annales, et l'on verra les événements concorder tous vers une même fin, et chaque homme jouer à son insu sa partie dans l'immense concert qui se prolonge à travers les âges.

Lorsque Clovis et les Sicambres se fixent au centre des Gaules, une nuit profonde couvre le monde et dérobe l'avenir à tous les regards ; les flots de l'invasion se poussent les uns les autres, comme ceux d'une vaste mer dont Dieu aurait rompu les digues. Nul ne pourrait pressentir auxquels est réservée la gloire de fonder une nation entre ces nuées de barbares, Huns, Sarmates, Avares, Lombards, Goths ou Germains, qui s'abattent comme des sauterelles sur cette civilisation qu'ils dévorent. Les frontières des peuples ont disparu sous le déluge, et, comme aux premiers jours du monde, une arche mystique flotte seule au-dessus des grandes eaux. Symbole de renaissance au sein de la mort universelle, la barque de Pierre porte les destinées futures des sociétés, car l'unité catholique est le seul principe de réorganisation qui apparaisse alors en Europe. Mais ce principe est gravement menacé par la doctrine d'Arius, sorte de rationalisme philosophique qui aurait desséché dans sa fleur le germe sacré, s'il lui avait été donné de prévaloir contre Rome. Cette secte avait envahi l'Europe et l'Afrique, et les principales nations barbares, devenues les soutiens de l'empire agonisant, avaient embrassé l'hérésie avec une ardeur fougueuse. Cependant, au milieu de cette apostasie du monde chrétien, la Gaule restait catholique inondée du sang des martyrs, catéchisée par l'éloquente parole de pieux évêques et de grands docteurs, elle était devenue le principal boulevard de l'unité religieuse. Pour la mettre en mesure de résister efficacement à l'hérésie, Dieu suscita le bras d'un peuple rude et brave qui n'avait pas encore abjuré le paganisme, mais qui, par ses antipathies contre les autres barbares ariens, devenait l'auxiliaire naturel de l'église catholique en Occident. C'est à ce titre qu'on voit s'établir dans les Gaules, à la fin du Ve siècle, cette confédération des Francs, dont la conquête fut généralement exempte des spoliations et des violences qui, partout ailleurs, avaient suivi les grandes invasions. Un lien commun rattacha promptement les vainqueurs aux vaincus ; avant même que l'eau sainte eût coulé sur la tête de Clovis, il était, comme la plupart des chefs francs, très favorable au clergé catholique, très désireux de se concilier la confiance des chrétiens.[1] Époux d'une pieuse princesse, il promet de se faire catholique, et ses enfants sont élevés dans la religion chrétienne. L'histoire du vase de Soissons constate quel respect le roi des Francs, encore païen, portait à des croyances qu'il avait d'ailleurs si grand intérêt à ménager. On peut en dire autant de ce que rapporte Grégoire de Tours d'Aprunculus, évêque de Langres, chassé de son siège épiscopal par les Bourguignons, à cause de son dévouement pour les Francs.[2] Les vives sympathies de cet historien pour le peuple dont les succès se confondent toujours à ses yeux avec le triomphe de la religion

---

1 Voyez la lettre de saint Remi à Clovis dans Duchesne, *Histor. Francorum Scriptores*, t. I. p. 849.
2 S. Gregor. Turon., *Hist. Eccles, lib. II.*

Louis de Carné

catholique font comprendre les moyens par lesquels Clovis sut associer étroitement sa cause à celle des populations au milieu desquelles il établit son armée. Ce fut dans le *champ arien*, rougi du sang des soldats d'Alaric, que fut scellée l'union des Gaules avec la race destinée à donner son nom à ces contrées. La plupart des expéditions de Clovis eurent un caractère religieux : entreprises contre les peuples ariens établis au-delà de la Loire et sur les bords de la Saône, elles furent presque toutes provoquées par le clergé, et la légende, venant dorer de ses rayons ces événements lointains et obscurs, nous montre, dans les pages naïves du saint évêque, les soldats francs dirigés par des anges et suivant de blanches biches sorties du fond des forêts pour indiquer aux vengeurs de l'église le gué des rivières et les sentiers cachés des montagnes inaccessibles.

De la lutte armée contre l'arianisme est donc sorti le germe de la monarchie, puisque cette lutte a commencé le rapprochement des populations et donné aux évêques des Gaules les mêmes ennemis et les mêmes défenseurs. L'identité de l'intérêt religieux fonda l'unité morale par l'action de l'épiscopat, bien avant que l'unité monarchique fût parvenue à s'établir par l'ascendant de la royauté. L'idée même de la royauté, telle qu'elle s'est produite plus tard en Europe, était alors fort étrangère aux races germaniques, car celles-ci n'avaient pas apporté de leurs forêts l'usage du droit d'aînesse, dont la pratique héréditaire peut seule fonder la monarchie. Si certaines familles étaient spécialement préposées à la conduite des expéditions dans ces tribus si longtemps errantes, de tels commandements ne représentaient ni la personnalité, ni l'unité de la nation : aussi, pendant tout le cours de la première race, cette unité, exprimée par le clergé seul, résista-t-elle à ces partages incessants, qui apparaissent comme des déchirements de la monarchie, quoiqu'ils ne fussent, en réalité, que la division naturelle du commandement militaire et des pays conquis par les armes. Ce ne fut que beaucoup plus tard, et dans les désordres qui signalèrent la fin de la deuxième race, que l'on vit se perdre les dernières notions de l'unité primitive du royaume des Francs, tel qu'il avait été constitué par la résistance aux peuples ariens, et par l'autorité qu'exerçait sur les vainqueurs un épiscopat au sein duquel dominait l'esprit gallo-romain.

On avait vu les successeurs de Mérovée, sans répudier aucune des rudes traditions léguées par leurs ancêtres, jeter les fondements d'une sorte d'organisation régulière, dans laquelle l'élément romain se maintenait en son individualité propre, grâce à l'influence du sacerdoce, à côté de l'élément germanique en possession de toute la force militaire. Cette société franco-romaine de la première race, dans laquelle une civilisation expirante coexistait avec une civilisation à son aurore, voyait les mœurs élégantes de l'Italie et les institutions du municipe subsister concurremment avec les habitudes sauvages des forêts d'où ses chefs étaient sortis. Cependant on pouvait suivre de génération en génération l'altération graduelle de ces éléments primitifs, et il n'était pas impossible d'entrevoir au sein de cette confusion générale l'embryon d'une unité nouvelle. Lorsque la vénération païenne pour le sang des princes mérovingiens se fut affaiblie sous l'influence chaque jour croissante de l'église catholique, on vit disparaître le fantôme d'une royauté qui ne correspondait plus ni aux croyances ni aux souvenirs. La résurrection de l'empire d'Occident, avec son unité et ses pompes, vint signaler le triomphe éclatant de l'idée romaine exprimée par le clergé.

A partir de ce jour, ce fut contre les souvenirs paternels et contre la domination exercée par l'élément germanique dans les conseils des rois de la deuxième race que se dirigèrent et l'action de l'opinion publique et les efforts des peuples. Les successeurs immédiats de Charlemagne, pour maintenir leur domination impériale, se trouvèrent dans le cas de s'appuyer sur les princes allemands, sortis d'une souche commune, et qui représentaient la même cause et les mêmes intérêts. L'intervention des empereurs germaniques dans les affaires du royaume fut le motif véritable de la rapide impopularité des princes carlovingiens. Il était déjà facile de voir qu'entre la Loire et la Meuse commençait à s'élever une jeune nation qui n'avait plus rien de commun avec ses pères d'au-delà du Rhin, et l'on pouvait s'assurer que cette nation se sentait au cœur une vie propre, dont un idiome nouveau, dérivé du mélange de la langue paternelle avec la langue gallo-romaine, était devenu la rude, mais indestructible expression.

L'expulsion de Charles de Lorraine, le protégé des empereurs allemands, l'élévation de Hugues, duc de France, le vrai et naturel seigneur de Paris, constatent le triomphe du génie indigène sur tous les éléments étrangers. Le jour où la troisième race est appelée à la souveraineté, il demeure évident que le cours des antiques

Louis de Carné

traditions est interrompu, que tous les souvenirs de la patrie primitive sont répudiés, et que le Franc est enfin et à toujours devenu Français. Alors commence notre véritable histoire aux donjons des châteaux que baignent la Somme, l'Oise et la Seine ; aux parvis des églises, dont les larges dalles recouvrent les restes des hauts barons ; aux maisons de ville, où l'on se réunit pour organiser la défense contre les brigands et les pirates, et pour jurer de maintenir la commune contre l'oppression du seigneur. La nation grandit dès-lors avec la race qui la gouverne : jamais identification ne fut plus étroite, et rarement l'élévation d'une dynastie s'est expliquée d'une manière plus naturelle par la puissance de faits nouveaux et par l'influence d'idées nouvelles.

La nationalité française dut se développer sur un petit théâtre, car elle laissa d'abord en dehors d'elle toute la portion des Gaules dans laquelle n'avait pu se consommer aussi complètement que dans l'Ile de France l'union du peuple conquis et de la race conquérante, celle de l'idiome germanique avec l'idiome roman. Entre les bords de la Loire et les rivages de la Méditerranée, l'invasion franque avait à peine pénétré, et les mœurs lui avaient résisté aussi bien que le langage. Il en était de même dans l'ouest, où dominait la race armoricaine, et dans la plus belle des provinces du nord, que les rois eux-mêmes avaient livrée aux enfants de la Norvège pour payer en quelque sorte la rançon du royaume.

A la fin du XIe siècle, la puissance de Philippe le, ne s'exerçait encore que sur l'Ile de France et une partie de l'Orléanais, dans une étendue correspondant à cinq de nos départements actuels. Les ducs de Normandie et leurs redoutables successeurs les rois d'Angleterre possédaient, dès cette époque, sur le sol français des domaines au moins égaux en étendue. La Bretagne, dans sa pleine indépendance, représentait aussi cinq de nos départements ; le comté d'Anjou avec le Maine en couvrait plus de trois ; le comté de Flandre en comprenait quatre ; la maison de Champagne, dont une branche occupait le comté de Chartres et celui de Blois, resserrait le royaume à ses deux extrémités, vers la Marne et vers la Loire, dans une ceinture de domaines plus étendus que ceux de la couronne. La Lorraine, la Bourgogne et la Provence relevaient du Saint-Empire ; enfin, au-delà de la Loire, le Poitou, la Guienne, l'Aquitaine et le comté de Toulouse comprenaient plus du tiers de la France. Là, sur un sol plus fertile et sous un plus brillant soleil, vivait une population supérieure, par ses richesses et par son développement intellectuel, à la race rude et pauvre qui guerroyait depuis deux siècles aux bords de la Seine pour défendre ses églises et ses moûtiers, ses villes closes et ses châteaux, contre le pillage des Normands et le brigandage des barons.

C'était sur ce territoire appauvri par la guerre qu'avait été planté par la main du grand Hugues l'arbre à l'ombre duquel tant de peuples d'origine diverse allaient se reposer et se confondre. Les souvenirs de l'antique unité romaine, ceux plus vivants encore de l'empire de Charlemagne, furent les principaux moyens d'influence et d'assimilation employés par les rois de la troisième race pour accomplir cette œuvre d'un succès si improbable. La grande unité monarchique des âges passés avait répandu sur le monde un éclat qui fascinait les imaginations populaires, même à travers les ténèbres de la barbarie et des siècles. Quoique les rois capétiens eussent renversé les descendants de Charlemagne, leur présence au siège de la domination carlovingienne, le concours que leur prêtait le clergé, et la persévérance de l'église à les présenter comme les successeurs des empereurs, avaient eu pour effet d'assigner aux fils de Hugues Capet une place à part au milieu des dynasties princières sorties des ruines de l'empire d'Occident et qui s'étaient partagé la France.

La féodalité proprement dite n'eut qu'une part secondaire dans la fondation de cette hiérarchie toute d'opinion, qui s'explique beaucoup plus par l'effet de vagues souvenirs que par des obligations d'une nature précise et définie. C'est par les impressions ineffaçables qu'avait laissées l'empire plutôt que par la dépendance féodale qu'il est possible de se rendre compte de cette subordination morale de chefs indépendants à des rois qui disposaient souvent d'une moindre puissance militaire, et dont l'action ne pouvait s'étendre jusqu'à eux. Philippe Ier n'avait donné à fief ni la Guienne ni la Bretagne ; Guillaume d'Aquitaine, non plus qu'Alain Fergent, n'entendaient subordonner leur droit au bon plaisir d'aucun suzerain. Cependant il est incontestable qu'il n'y a pas un seul moment où ces puissans chefs féodaux n'aient, au fond de leur conscience, envisagé les rois établis dans le vieux palais de Paris comme investis d'un titre supérieur et d'une puissance plus élevée que celle qu'ils possédaient eux-mêmes.

Le sacrement de la royauté a exercé durant le cours de ces temps obscurs une fascination dont l'effet n'a pas été calculé par les historiens. La basilique de Reims a été le véritable Capitole de la France. La sainte ampoule a grandi et transformé l'autorité royale, et c'est comme oints du Seigneur plus encore que comme chefs de la hiérarchie territoriale que les rois sont parvenus à rattacher à la couronne des provinces qui en seraient à jamais demeurées séparées, si, à des droits contestés ou prescrits, les princes capétiens n'avaient été en mesure de joindre le prestige d'une puissance qui semblait consacrée par le ciel même. Si c'est en invoquant leur droit de suzeraineté que les rois de France ont conquis pièce à pièce leur beau royaume, c'est dans un ordre d'idées supérieur à celui-là qu'ils ont puisé la force nécessaire pour faire valoir un pareil titre, et l'étude attentive de l'histoire constate que les prestigieux souvenirs laissés par Charlemagne et par la seconde race ont été le principal instrument de l'agrandissement de la troisième.

L'œuvre la plus ardue n'était pas pour celle-ci de s'étendre au-delà des limites où la nationalité française se trouvait alors circonscrite la difficulté pour la monarchie naissante consistait à devenir maîtresse du pouvoir et du terrain dans l'intérieur même de ces limites. Le territoire de la France au commencement du XIIe siècle était divisé en domaine de la couronne et en fiefs qui relevaient immédiatement de celle-ci, mais où elle n'était représentée par aucuns officiers royaux. On sait que les rois étaient bloqués dans leur ville de Paris par les puissants comtes de Montlhéry, qui, à l'aide de leur forteresse, coupaient toute communication avec l'Orléanais, et que les sires de Montfort l'Amaury leur barraient également le passage vers le pays chartrain. Personne n'ignore que la possession de Corbeil rendait les seigneurs de cette place maîtres du cours de la Seine et des abords immédiats de la capitale. Les châtelains du Puiset dominaient les plaines de la Beauce et en pillaient les moissons. Aux portes de Paris, les seigneurs de Montmorency, lorsqu'ils faisaient trêve à leurs déprédations contre l'abbaye de Saint-Denis, menaçaient la couronne et la contraignaient à compter avec eux ; plus loin, au nord, s'étendaient les vastes seigneuries de la maison de Coucy ; enfin la présence des rois d'Angleterre dans le Vexin normand, sur la frontière même du Parisis, était un encouragement pour toutes les trahisons, une garantie assurée après toutes les défaites.

A ce point apparaît le premier personnage qui ait nettement dessiné la politique de la France. Louis-le-Gros commence son œuvre de redressement et de haute justice ; il fait la guerre à la féodalité au nom d'un droit supérieur à celui des barons féodaux ; il oppose l'action générale de la royauté aux tyrannies locales qu'il se donne la mission de contenir et de renverser. Pendant que tel seigneur défend sa ville fermée, tel autre son donjon, pendant que les communes s'agitent ici pour suivre l'impulsion du seigneur, ou celle du clergé, là pour vivre de leur vie propre, en conquérant ou en achetant une charte, Louis-le-Gros défend la France, ne guerroie qu'en son nom et n'agit que pour elle.

Ce prince fut inspiré par un homme d'un esprit plus cultivé que le sien, et qui poursuivait par système ce que le vaillant roi faisait par instinct. Cet homme fut le ministre qui, en appliquant les mêmes maximes, eut la gloire de préserver l'intégrité du royaume au milieu des désastres du règne suivant. L'abbé Suger s'était fait sur la royauté une théorie empruntée aux saintes Écritures, il en avait étendu les droits et l'exercice en la faisant émaner d'une source divine. Aussi ses actes, comme ses écrits, rendent-ils témoignage de ses constants efforts pour sceller une étroite alliance entre la monarchie et l'église par l'action de la papauté. C'était rentrer, en les élargissant, dans les voies où avaient marché les fondateurs de la monarchie. Pepin avait ainsi terminé son œuvre, et ce fut sa hardiesse à l'accomplir qui lui mit la couronne au front. Cette politique hébraïque et impériale, dans laquelle se confondaient les sacrés souvenirs de Sion et les glorieux souvenirs de Rome, cette politique, qui avait trouvé dans le grand Charles sa personnification la plus auguste, était devenue plus nécessaire encore à la race capétienne, contrainte de résister à l'ascendant de l'empire germanique en même temps qu'aux formidables vassaux de la couronne, et qui, pour accomplir cette double entreprise, n'avait qu'une seule force, l'autorité morale, qu'un seul auxiliaire, la papauté.

Ainsi fut fondée, par la nature même des choses, la doctrine permanente qui unit les destinées de la royauté française à celles du seul pouvoir par qui fût représentée dans le monde, à cette époque, l'idée de la liberté et de la résistance à l'oppression. Cette association intime de la couronne capétienne et du Saint-Siège imprima à la noble nation des Francs sa physionomie propre ; elle fit de ce peuple le redresseur des torts, le bouclier vivant de la justice et du droit. Il porta ce caractère dans ses luttes européennes comme dans ses expéditions d'outre-mer, et ses mœurs s'en imprégnèrent aussi profondément que ses lois. Les violences de Philippe-le-Bel contre la papauté, les entreprises des légistes qui tentèrent, sous les Valois, de rompre, au profit du despotisme royal, le bon accord des deux puissances, ne parvinrent point à altérer d'une manière sensible l'esprit de cette société assise sur l'église comme sur le roc. Aussi, après avoir assuré l'indépendance politique des papes contre les empereurs, dompté dans son sein l'hérésie albigeoise, rempli l'Asie musulmane de terreur et d'admiration, et pris, pendant trois siècles, la cour de Rome pour conseil et pour auxiliaire dans ses entreprises comme dans ses négociations, la France se retrouva-t-elle forte et compacte devant Luther, comme elle l'avait été, dix siècles auparavant, devant Arius.

L'œuvre entreprise par Suger, sous Louis-le-Gros et sous Louis-le-Jeune, se développa sous Philippe-Auguste dans de plus vastes proportions et avec un éclat inconnu jusqu'alors. Profitant avec une habileté peu scrupuleuse des divisions qui troublaient la maison royale d'Angleterre, ce prince étendit les limites du royaume et trouva dans cette extension territoriale un moyen de faire revivre, au milieu de l'anarchie féodale, quelques souvenirs de Charlemagne. Il réunit à la monarchie, par voie de succession ou de conquête, le Vermandois, la Normandie, la Touraine, le Maine, l'Anjou et le Poitou, ne laissant guère en dehors de ses frontières que les riches provinces méridionales, séparées du royaume franc par le divorce d'Éléonore d'Aquitaine et l'imprévoyance de Louis VII. Malheureusement Philippe-Auguste, homme d'expédients plutôt que d'organisation, contraint d'ailleurs de lutter contre l'Angleterre et contre l'Allemagne, étendit trop la sphère de son action pour qu'il pût la rendre partout efficace ; il ne sut pas préparer l'assimilation à sa monarchie des provinces arrachées par lui à Jean-sans-Terre. Une grande partie de ces vastes territoires resta anglaise d'inclination, et les barons continuèrent de préférer le sang d'Anjou au sang de Capet, aimant mieux dépendre d'un suzerain résidant à Londres que d'un monarque demeurant à Paris.

La Constitution de l'unité nationale en France

Cependant, si le vainqueur de Bouvines n'avança pas d'une manière notable la constitution intérieure de la monarchie française, il assura son avenir en contribuant à étouffer de la Loire aux Pyrénées l'hérésie formidable dont le triomphe aurait placé les pays de la Langue d'Oc en dehors de la civilisation occidentale et du progrès général des sociétés chrétiennes. Si les doctrines albigeoises avaient prévalu, elles auraient été, au XIIIe siècle, pour l'unité de la France, un obstacle plus invincible que le protestantisme ne l'est devenu au XVIe pour l'unité de l'Allemagne ; car cette hérésie n'était pas un schisme seulement, c'était au fond la négation même du christianisme en tant que culte et en tant qu'église, c'était une doctrine philosophique substituée à une croyance or, si le rationalisme est un germe mortel jusqu'au sein de la civilisation la plus avancée, que peut-il advenir du rationalisme implanté au cœur de la barbarie ?

Dans la poursuite où s'engagea Louis VIII contre l'hérésie albigeoise et la noble maison qui représenta si longtemps cette cause, d'odieuses spoliations et d'horribles cruautés furent, sans nul doute, commises ; mais les violences suscitées par la passion ou par l'intérêt ne légitiment pas plus les causes vaincues qu'elles n'infirment la valeur morale des principes au nom desquels elles sont commises. C'est là la part de la liberté, le compte courant que le Créateur ouvre à chaque créature, et qu'il règle au jour de la justice finale. La révolution française est demeurée légitime dans ses motifs et salutaire dans ses résultats, malgré la sanglante responsabilité imposée à ses auteurs devant Dieu et devant l'histoire ; la soumission des pays albigeois à l'unité catholique reste également un grand service rendu à la civilisation chrétienne et à la France ; la victoire de Simon de Montfort sur le comte de Saint-Gilles fut, en effet, l'expression de l'ascendant conquis pour jamais par la race franque sur les populations méridionales. Du jour où l'hérésie fut étouffée et où le comté de Toulouse passa dans la maison de Capet, on vit tomber la principale barrière entre le nord et le midi de la monarchie.

C'était le petit-fils de Philippe-Auguste qui, entre tous les princes de sa maison, était surtout appelé à consolider, en les développant, les conquêtes territoriales et les progrès politiques de la royauté. Ce prince comprit le premier avec une sagacité merveilleuse

Louis de Carné

l'influence que des institutions civiles habilement combinées ne pouvaient manquer d'exercer à la fois et dans les domaines de la couronne, et dans les provinces qui, ne relevant pas immédiatement du monarque, restaient soumises à la domination directe des grands vassaux. Louis IX fit de la justice le principal moyen d'accroissement de sa puissance, se fiant, pour faire accepter les innovations les plus hardies, à cet instinct inné de l'ordre et du droit qui vit au fond de toutes les sociétés comme de toutes les consciences. S'il n'obtint pas chez les grands vassaux indépendants l'application immédiate des réformes introduites par lui dans les domaines de la couronne, il sut conquérir par l'influence ce que la constitution sociale lui interdisait d'exiger par la force. L'extension de la juridiction royale fut peu contestée sous son règne, et sa sainteté devint, comme sa justice, un instrument de son pouvoir. Créateur de la science du droit écrit, il fonda l'importance politique et personnelle des hommes qui avaient fait de cette science l'objet spécial de leurs études. Appelés d'abord pour seconder les barons, les légistes les remplacèrent bientôt sur les sièges des cours de justice, et la bourgeoisie naissante se glissa dans les vides que les croisades avaient faits au sein de la hiérarchie seigneuriale.

Plein de foi dans la source divine de son pouvoir, nourri des traditions bibliques, le cœur brûlant de charité pour les pauvres et pour les petits, saint Louis fut l'adversaire naturel et nécessaire de la société féodale ; il l'affaiblit par le prestige de ses malheurs autant et plus que par celui de sa gloire, et, lorsqu'elle plaça son image sur les autels, l'église parut donner à l'œuvre politique du prince martyr la consécration du ciel. En allant mourir sur la cendre à Carthage, le fondateur de la monarchie judiciaire imprima à ses institutions un sceau plus inviolable que ne l'avait fait Lycurgue en s'exilant de Sparte, car le culte pour sa mémoire devint une partie de la foi dans un siècle où la foi était la respiration même de la société.

Philippe-le-Bel appela dans les grands conseils de la nation les représentants de cette bourgeoisie dont saint Louis avait préparé l'avènement. Louis-le-Hutin, Philippe-le-Long et Charles-le-Bel héritèrent, avec la couronne paternelle, d'une politique qui devint, dès cette époque, une tradition nationale et comme le patrimoine de la royauté. Cette politique consistait à faire pénétrer de plus en plus l'esprit juriste dans la constitution de la monarchie, en substituant les magistrats aux barons, le droit romain au droit féodal, et les parlements aux états-généraux du royaume. L'élément judiciaire se produisit avec son caractère propre : il s'efforça de se créer une place à part entre les deux puissances existantes avant lui, l'aristocratie et le clergé, contre lesquelles il engagea une lutte persévérante, tantôt ouverte, tantôt latente. Faire prédominer le droit écrit sur le droit coutumier, l'idée de l'état sur celle de l'église, absorber dans la puissance royale toutes les forces indépendantes, telle fut la politique des légistes auxquels les derniers Capétiens ouvrirent l'accès des affaires, et qui devinrent, sous les Valois, les maîtres du gouvernement et les dominateurs de l'esprit public.

Ces hommes se vouèrent avec une obstination passionnée au triomphe du pouvoir absolu ; ils rendirent avec usure à la royauté l'appui qu'ils en avaient reçu. Peu préparés à la vie publique par l'obscurité de leur origine et par la dépendance dont ils étaient à peine relevés, ils s'attachèrent à étouffer les résistances plutôt qu'à en régulariser l'exercice, et, pour arracher la France à l'oppression féodale, ils la précipitèrent dans la servitude. Ce fut un malheur, sans nul doute ; mais ce fut aussi la suprême nécessité des temps et des choses. La prédominance du pouvoir royal pouvait seule préparer en France et l'égalité civile et l'unité territoriale. Or, il semble qu'à ce double but la Providence ait dans notre patrie subordonné tous les autres. L'égalité des conditions a été provoquée chez nous par des causes qui ont rendu plus difficile l'établissement de la liberté politique, et l'organisation toute militaire imposée à la nation par le soin de sa propre sûreté n'a pu avoir pour pivot que l'omnipotence royale.

Si, du XIVe au XVe siècle, la France n'était pas devenue le plus compacte des peuples et la plus vigoureusement constituée des monarchies, si le pouvoir ne s'y était point centralisé au point d'absorber tous les intérêts et toutes les forces, elle aurait disparu du nombre des grands états, et n'aurait laissé dans le monde aucune trace lumineuse de son passage. Placée au cœur même du continent, entre l'empire, l'Angleterre et l'Espagne, il fallait, pour garder ce poste périlleux et résister à une telle pression, un tempérament de soldat et une liberté de mouvements incompatible avec la division des pouvoirs et les résistances de l'esprit provincial.

L'extinction des Capétiens directs dans la personne de Charles-le-Bel posa pour la première fois, devant la France, le problème de vie ou de mort. La question qui se trouva élevée entre Édouard III et Philippe de Valois, comme une question d'hérédité et d'interprétation de la loi successoriale, avait en réalité une tout autre portée ; il s'agissait de savoir à qui resterait la prépondérance de la race franque ou de la race normande, à qui des vieux conquérants des Gaules ou des récents conquérants de l'Angleterre appartiendraient et ces vastes provinces étendues de la Loire aux Pyrénées, et cette suzeraineté féodale qui était alors le signe même de la suprématie des races. Les pays d'outre-Loire, dont l'accession à la France était nécessaire pour constituer une grande monarchie, flottaient incertains entre les deux influences et les deux plaisons royales qui se disputaient l'empire. Le duché d'Aquitaine, avec ses nombreuses dépendances, formerait-il au sein des Gaules un état dépendant de la maison d'Anjou, qui régnait en Angleterre, ou serait-il incorporé dans la monarchie française ? la France enfin deviendrait-elle un grand état ou une puissance du second ordre ? Tel était le débat que cinq règnes pleins d'événements furent consacrés à vider.

De l'an 1328, date de l'avènement de la branche collatérale de Valois, à l'an 1429, date du sacre de Charles VII à Reims, trois générations donnèrent leur sang pour arracher la France à la suprématie de l'Angleterre et pour élever entre les deux contrées une barrière insurmontable. Des noms éclatants et d'héroïques personnages remplissent toute cette période. Le roi Jean, frappant d'estoc et de taille aux champs de Poitiers ; son fils, au milieu des factions complices de l'étranger, réparant à force de sagesse les calamités provoquées par l'imprévoyance de son père et de son aïeul ; la raison de Charles VI s'abîmant sous le poids des malheurs publics, et cette démence royale arrachant à la nation sa dernière espérance ; puis, au milieu des chevaliers intrépides au corps bardé d'acier, une forme lumineuse qui traverse la nuit des temps comme une céleste apparition pour s'évanouir dans les flammes d'un bûcher : ce sont là des tableaux d'une variété sans exemple et d'un pathétique sans égal.

Toutefois, parmi les innombrables figures qui attirent l'attention et commandent les respects publics, il en est une qui se détache d'une manière plus ferme et plus éclatante à la fois ; entre tous les guerriers tombant tour à tour sur ce vaste champ de carnage, dans cette bataille d'un siècle de durée, il en est un qui domine la scène et semble la remplir tout entière. Duguesclin fut, durant sa longue vie militaire, le centre de toutes les grandes opérations, l'âme de la résistance à l'Anglais, l'expression la plus élevée de toutes les antipathies nationales, et son nom devint après sa mort le mot d'ordre de la patrie et comme le cri de guerre de la France. Il conquit le royaume pied à pied, rattacha les provinces d'outre-Loire à la nationalité française, et, sur le sol délivré par son bras, il força plus de donjons et rasa plus de places fortes que les âges antérieurs n'en avaient abattu. Penseur profond autant que guerrier intrépide, il renouvela la face de la guerre, substituant la puissance de la discipline à celle du nombre et la stratégie à la force ; animé contre l'Angleterre d'une passion inextinguible, il parvint le premier à la faire partager à la France ; dévoué avec exaltation à l'autorité royale, inséparable dans sa pensée de l'unité nationale dont il professait le culte, il alla jusqu'à sacrifier à la France la Bretagne, sa chère patrie, quoiqu'il fût Breton de sang et de cœur. Le grand connétable eut tous les instincts de l'avenir, tous les pressentimens de l'organisation politique destinée à remplacer cette société féodale à laquelle il porta de si rudes coups ; il fut le premier centralisateur-militaire du moyen-âge et le serviteur-type de la monarchie et de la France.

Le vainqueur de Cocherel avait accompli sous Charles V la libération presque complète du territoire. Cette œuvre faillit sans doute être anéantie au règne suivant, et jamais la France ne parut plus près de l'abîme : toutefois la crise qui suivit l'avènement de Philippe de Valois et se termina, en 1370, sous Charles V, par la conquête de toutes les provinces méridionales, doit être distinguée de celle qui commença sous Charles VI pour ne finir qu'en 1453, à la dernière expédition de Charles VII contre les Anglais en Guienne. Dans la première période dont Duguesclin est le centre, c'est la nationalité française elle-même qui est encore en question, car les provinces hésitent entre les deux couronnes comme entre deux pôles qui les attirent presque également ; dans la seconde période, où resplendit le dévouement de Jeanne d'Arc, la France existe, et l'on sent fortement battre son cœur des bords de la Meuse au pied des Pyrénées. Une jeune fille du peuple devient l'expression de la haine à l'étranger et comme l'holocauste de la patrie. Les grands périls qui menacèrent la France durant le long règne d'un roi, en démence furent

Louis de Carné

amenés par des intrigues princières, par des révoltes de famille et des amours adultères, et non plus par l'hésitation des populations elles-mêmes, alors chaleureusement dévouées à cette royauté si indignement trahie par ses soutiens naturels. Les longues rivalités des oncles du roi, les désordres d'une épouse criminelle, la lutte des Bourguignons et des Armagnacs, la funeste prépondérance acquise par une branche de la maison de Valois établie en Bourgogne et devenue à la troisième génération aussi puissante que la branche régnante elle-même, telles furent les causes de l'effroyable crise qui provoqua l'expulsion de l'héritier de la couronne par un ordre arraché à son père et à son roi. Envahie par l'Anglais, trahie et vendue par ses princes, déshonorée par sa reine, la France sentait l'oppression et préparait sa délivrance. Aussi, lorsque Dieu eut suscité la bergère de Domremy pour l'accomplissement de sa mission, cette jeune fille résuma-t-elle en sa personne toutes les forces vives de ce peuple, qui réagissait contre les factions et contre l'étranger avec une irrésistible puissance.

Il était facile d'entrevoir dès cette époque les nouveaux périls que la royauté s'était suscités à elle-même. Les princes du sang royal avaient fini par acquérir sur toute la seigneurie du royaume une prépondérance incontestée. Presque toutes les dynasties provinciales avaient disparu, soit par les réunions à la couronne, soit par l'effet d'alliances habilement ménagées ; aussi la royauté n'eut-elle plus guère pour ennemis que les membres de la famille régnante, et la France assista-t-elle, au commencement du XVe siècle, à la transformation de l'antique féodalité en une sorte de féodalité monarchique assise sur un système d'apanages héréditaires qui changeait en ennemis de la royauté ses appuis naturels.

La création du duché de Bourgogne, donné par le roi Jean à son quatrième fils, après la mort de Philippe de Rouvres en 1363, avait signalé un pas décisif dans la voie nouvelle où la monarchie s'était engagée avec tant d'imprévoyance. Il fallut près d'un siècle de luttes, de machinations et de crimes, pour détruire ces hautes situations princières élevées à côté des rois et par leurs propres mains, et cette épreuve dans laquelle la royauté se trouva engagée contre son propre sang ne lui fut pas moins redoutable que ne l'avait été sa lutte contre le baronnage et contre l'Angleterre.

Un homme naquit alors qui, par ses qualités comme par ses vices, parut prédestiné à ces guerres domestiques et à ces conjurations de palais dont la France emprunta le triste secret à l'Italie. Louis XI attaqua la nouvelle féodalité par l'astuce et par le crime, comme Louis IX avait attaqué la primitive féodalité territoriale par l'autorité de ses lois et par celle de sa sainteté. L'un triompha de ses ennemis par son habileté, l'autre par le prestige de sa grandeur morale, et l'espace qui sépare ces deux hommes suffit pour embrasser d'un seul coup d'œil tous les progrès de la corruption publique depuis le commencement du XIIIe jusqu'à la fin du XVe siècle. Ce qui distingue le fils de Charles VII de tous les rois qui l'ont précédé et de tous ceux qui l'ont suivi, ce qui le distingue surtout des princes de cette maison de Valois si peu politiques, mais si brillants dans leur légèreté même, c'est qu'il semble aussi étranger à sa famille qu'à sa patrie ; c'est une figure sans expression, un roi sans entrailles, dans la poitrine duquel rien de français et, pour ainsi dire, rien d'humain ne semble battre. Son règne est une longue partie d'échecs dirigée par un joueur impassible : il poursuit le succès par toutes les voies avec une sorte d'affreuse innocence, parce que son âme est comme pétrifiée dans une seule pensée et dans une seule espérance. Louis XI commit le crime le plus grand dont il soit donné à un roi de se rendre coupable : il altéra le génie national dans sa source, et c'est pour cela que sa mémoire demeure flétrie ; mais il brisa les mailles dans lesquelles l'imprévoyance de ses prédécesseurs avait enlacé la royauté, il porta au système des apanages princiers des coups dont il ne se releva plus. L'habile rival de Charles-le-Téméraire entama ce duché de Bourgogne, devenu sous une dynastie française l'ennemi le plus redoutable de la France ; il prépara la chute prochaine de la Bretagne, où régnait, sous l'influence anglaise, une autre branche de la maison de Capet ; il hérita des princes d'Anjou, autre rameau de la même tige ; enfin, après vingt-deux années de guerres et de manœuvres, après avoir triomphé des libertés publiques par les mêmes moyens qu'il avait employés contre les princes de son sang, ce redoutable personnage domina seul et presque solitaire dans ce royaume, rasé comme un ponton par la tempête, et put pressentir le moment où l'héritier de son absolu pouvoir s'écrierait : *L'état, c'est moi !*

En créant l'homme libre, Dieu a dû se servir, pour les fins de sa providence, de ses vices comme de ses vertus : aussi permit-il que

Louis XI, qui sépara la politique de la morale, vînt en aide à la même œuvre que Louis IX, dont l'honneur est de les avoir identifiées. Aux dernières années du XVe siècle, la concentration du pouvoir était devenue une nécessité, regrettable sans doute, mais évidente, et la monarchie ne pouvait être sauvée qu'en prenant un caractère tout militaire. Des débris de la puissance bourguignonne et des hasards de la succession féminine allait sortir la puissance la plus redoutable qu'eût vue l'Europe depuis les jours de Charlemagne. Pendant que la France, sous Charles VIII et sous Louis XII, épuisait ses forces dans de vaines tentatives sur l'Italie, comme pour laver par le sang des champs de bataille les traces du sang que le précédent règne avait fait couler sur l'échafaud, les Pays-Bas étaient réunis à la monarchie espagnole, et la couronne impériale venait se poser sur le front de l'héritier de Philippe-le-Beau et de Jeanne-la-Folle. L'unité territoriale de la monarchie, consommée désormais par la réunion du duché de Bretagne, la concentration de tous les pouvoirs politiques aux mains de son roi, permirent seules à la France de supporter sans péril la pression exercée sur elle par Charles-Quint, dans le duel terrible où l'inégalité des deux puissances était rendue plus sensible encore par l'inégalité politique des deux rivaux. Si François Ier put résister à Charles d'Autriche, s'il fut même donné à son successeur de l'emporter sur Philippe II, ce fut uniquement parce que ces princes eurent la pleine disponibilité de toutes les ressources de la monarchie.

Plus soucieuse du sort de sa nationalité compromise que du développement de son organisation intérieure, incapable, d'ailleurs, de se passionner pour deux idées à la fois, la France avait laissé ses rois absorber presque tous les pouvoirs précédemment revendiqués par les états-généraux de la nation, et le caractère équivoque des parlements avait servi merveilleusement la politique royale sur ce point comme sur tous les autres. Appuyée sur de grands corps, judiciaires par leur nature, mais législatifs par leurs prétentions, qui revêtaient d'une sorte de sanction les actes du bon plaisir, la royauté trouvait là un auxiliaire dévoué jusqu'au fanatisme. Le concordat conclu par François Ier avec Léon X, en donnant à la couronne une action directe et continue sur le personnel de l'église, préparait le triste régime d'un clergé de cour, et le développement de la richesse publique mit bientôt le pouvoir en mesure d'étendre ses moyens d'influence et d'action sur toutes les classes de la société. Ainsi tombèrent successivement toutes les résistances avec toutes les forces indépendantes, et le trône, étayé sur une bourgeoisie qui grandissait à son ombre, n'eut plus guère en face de lui, dès l'ouverture du XVIe siècle, que les seigneurs élevés par la faveur royale, à l'aide des grandes charges de la couronne et des commandements militaires.

On pouvait donc d'âge en âge et presque de règne en règne suivre et constater l'affaiblissement progressif du principe féodal reculant devant l'esprit monarchique. Ce sont d'abord les populations elles-mêmes, étrangères les unes aux autres par le sang, par les croyances et par la langue, qui répugnent à l'unité politique ; c'est ensuite la ligue de tous les barons, entre lesquels fut partagée la terre conquise, qui opposent aux premiers Capétiens une résistance énergique ; puis la royauté, maîtresse du sol de la patrie, se trouve contrainte de lutter contre les princes apanagés par elle avec autant de vigueur qu'elle l'avait fait d'abord contre les barons ; enfin, lorsque la hache a frappé les plus hautes têtes et fait couler le sang royal comme un sang vulgaire, une nouvelle lutte s'engage contre les créatures de la royauté, qui aspirent à reconstituer l'ancien système au moyen des grands gouvernements provinciaux. Aux guerres de race à race, aux guerres de suzerain contre vassal, succèdent alors les intrigues de palais, le règne des favoris et des favorites, et une lutte d'influences toutes personnelles s'engage autour du trône, au pied duquel apparaît Richelieu comme l'inflexible génie de la monarchie.

Toutefois, avant le triomphe du grand cardinal, une éclatante tentative fut faite pour sauver l'intérêt féodal prêt à périr. L'aristocratie française eut assez de sens politique, aux jours de sa décadence, pour rattacher sa cause à une cause plus vivante, à un principe plus énergique que le sien. Elle s'associa étroitement à la réforme protestante, et ce ne fut pas là un des motifs qui nuisit le moins au développement du protestantisme parmi les populations françaises. La réforme avait été dans toute l'Europe septentrionale la cause des rois et des grands elle avait fait son chemin en délivrant les premiers du frein du pouvoir religieux, en distribuant aux seconds les dépouilles opimes de l'église, et l'austérité de ses dogmes avait habilement couvert ces larges concessions faites aux convoitises des uns, aux cupidités des autres. L'exemple des rois d'Angleterre, de Suède, de Danemark et de la plupart des princes du Nord, n'ayant pas été suivi par les rois très chrétiens, la réforme dut prendre en France des allures moins serviles que dans ces contrées mises au pillage, et le calvinisme tenta de s'y montrer sous des formes fières, indépendantes et quasi-républicaines. Toutefois l'esprit démocratique qu'il affectait dans quelques communes importantes ne l'empêchait pas de s'allier étroitement aux grandes factions de cour, de telle sorte qu'en s'attaquant à lui, la royauté rencontrait en même temps devant elle et les passions populaires dans ce qu'elles ont de plus ardent, et les intérêts aristocratiques dans ce qu'ils ont de plus immuable. L'affaiblissement de la monarchie, la rupture de cette unité si laborieusement poursuivie, une sorte de fédération municipale sous le protectorat seigneurial, tel fut le projet poursuivi en commun par les ministres du saint Évangile et par les brillants courtisans du Louvre. La maison de Condé, la maison de Rohan, la maison de Châtillon, confondirent leurs haines avec celles qui animaient les bourgeois de quelques grandes villes et les rudes prédicants des montagnes. Si la réforme eût triomphé sous les derniers Valois ou sous les premiers princes de la maison de Bourbon, c'en était fait de l'œuvre poursuivie au prix du sang de vingt générations : le cours des destinées de la France était radicalement changé, et le problème de son avenir aurait reçu une solution toute différente.

Ce fut à un prince réformé qu'il fut donné d'arrêter le cours de la réforme, et d'étendre la puissance royale dans les circonstances même qui semblaient devoir en amener, sinon la chute, du moins l'affaiblissement inévitable. Henri IV accomplit avec bonheur l'œuvre la plus ardue qui soit imposée aux hommes politiques, il se servit de son parti pour le combat et le répudia après la victoire, sans perdre son honneur dans cette double entreprise. Il accomplit sous les plus séduisants dehors la tâche la moins chevaleresque qu'un prince soit en mesure de poursuivre, celle d'user sans scrupule du dévouement des autres pour atteindre un but qu'on leur cache et dont on a seul la pleine conscience. Héros sans enthousiasme et sectaire sans croyance, calculateur profond sous des formes naïves le plus souvent calculées elles-mêmes, Henri de Béarn escamota la réforme à son profit, et il trouve devant l'histoire la justification de sa conduite dans l'immense service rendu à l'indivisibilité de la monarchie française.

Celle-ci était en effet menacée des deux côtés à la fois. La victoire des réformés aurait amené, avec la prépondérance de l'Angleterre protestante, une sorte de fractionnement territorial sous forme fédérale, et, si la maison de Guise était parvenue à supplanter celle de Bourbon, elle se fût trouvée placée, en montant sur le trône, dans l'impérieuse nécessité de faire d'immenses concessions à l'Espagne catholique. C'est le propre des guerres civiles où la conscience est engagée, de laisser les combattants sans nul scrupule en ce qui concerne l'intervention de l'étranger. Une transaction entre les partis pouvait seule préserver la France de cette extrémité funeste, et, après vingt années d'épreuves, Henri IV se sentit assez habile pour la combiner, assez fort pour l'imposer à tous.

Le vaillant chef de la maison de Bourbon laissa donc la France plus compacte et la royauté plus puissante qu'elle ne l'avait été sous les règnes précédents. Ce progrès était d'autant plus sensible que le protestantisme avait fort affaibli les grands états qui, jusqu'à la fin du XVIe siècle, avaient formé pour la France un contrepoids redoutable. L'Allemagne, livrée à la guerre et à l'anarchie pour près d'un siècle, ne pesait plus sur les destinées de l'Europe. A peine la réforme avait-elle arboré son drapeau à Smalkalde, que, du vivant même de Charles-Quint, il devenait possible de pressentir les longues humiliations auxquelles la couronne du saint-empire serait exposée dans l'avenir, avant d'être atteinte par l'épée de la Prusse et de disparaître sous la botte de Napoléon. L'Angleterre se trouvait, après Élisabeth, épuisée par les efforts de la royauté pour résister aux factions et pour maintenir un lien que chaque jour relâchait davantage entre les trois parties de la monarchie. L'Angleterre épiscopale, l'Écosse presbytérienne et l'Irlande catholique se livraient un combat terrible, et la Grande-Bretagne commençait contre l'île voisine cette œuvre de destruction dont les dernières conséquences épouvantent encore le monde. L'Espagne, de son côté, avait perdu les Pays-Bas, et les états-généraux de Hollande, en même temps que les braves cantons de la Suisse, offraient à la France une nouvelle et précieuse alliance. Pendant ce temps, la cour de l'Escurial s'endormait dans une mortelle torpeur, allant chercher au bout du monde des richesses métalliques pour masquer sa misère chaque jour croissante, et descendant majestueusement dans son sépulcre comme une momie recouverte de laines d'or.

Ce fut au moment précis où la France avait ainsi l'entière disposition de ses forces que parut, à la tête de son gouvernement, l'homme dont on serait tenté d'inscrire le nom dans la chronologie des rois. Richelieu exploita, avec une rare sagacité et une habileté incomparable, toutes les chances qu'offrait à la fortune de sa patrie l'état de l'Europe coupée en deux par la réforme ; mais, avant d'en profiter pour assurer sa prépondérance au dehors, il prit soin d'achever au dedans l'œuvre des grands esprits qui l'avaient précédé : il triompha, non sans peine et sans péril, dans la dernière lutte engagée contre le trône par les princes du sang et par les favoris pour arracher à la faiblesse d'une femme l'hérédité des grandes charges et des grands gouvernements provinciaux. Henri IV n'avait été contraint de frapper qu'une tête illustre, celle de Biron, parce qu'étant roi, une révolution seule pouvait le renverser, et que les partis, même au plus haut paroxysme de leurs violences, hésitent à aller jusqu'à l'extrémité d'une révolution. Simple ministre de Louis XIII, Richelieu dut en faire tomber un plus grand nombre, parce qu'une intrigue aurait suffi pour l'abattre, et que la modération est l'attribut exclusif de la force. En même temps qu'il décapitait les partis, qu'il rasait leurs villes ou qu'il y mettait garnison, ce ministre imprimait une impulsion uniforme à l'organisation de la marine et de l'armée, à l'administration des provinces et à celle des finances, faisant partout prévaloir cette centralisation dont le germe avait été déposé sous le trône même des Capétiens ; il lui sacrifiait, sans hésitation comme sans scrupule, et les intérêts locaux et les stipulations particulières aux provinces, lors même que ces stipulations étaient consignées dans les contrats qui avaient réglé les conditions de leur accession à la monarchie. Les cours de justice avaient subi le niveau d'un commun asservissement, car la royauté avait cessé de ménager les légistes, du moment où ceux-ci ne lui avaient plus été nécessaires. Enfin, lorsque Richelieu mourut, léguant à Mazarin le soin de continuer son œuvre et de l'achever, il n'était plus donné qu'aux femmes et aux chansonniers de s'élever contre cet absolu pouvoir, qu'il avait rendu inexpugnable au dedans en abaissant toutes les têtes, au dehors en donnant à la France l'Artois et le Roussillon pour boulevards.

Louis XIV rendit sans doute plus éclatant le régime politique fondé par le cardinal, et donna plus de relief encore aux principes d'omnipotence déjà proclamés ; mais au fond il n'ajouta rien à l'œuvre de Richelieu, dont il se borna à tirer et à compléter les conséquences. Le règne de Louis XIV était contenu en germe dans le règne précédent comme un fruit mûr l'est dans sa fleur : le grand roi recueillit sans labeur et sans effort ce qu'avaient semé ses devanciers sur ce sol si profondément ouvert et arrosé de tant de sang. Les succès militaires de Richelieu, les combinaisons diplomatiques de Mazarin préparèrent des conquêtes que ne pouvaient désormais empêcher ni l'Espagne, livrée à une famille décrépite, ni l'Angleterre, aux mains d'une royauté vénale, ni l'empire, si profondément divisé contre lui-même. En assurant la prépondérance de la maison de France sur la maison d'Autriche, le traité de Munster avait décidé d'avance du sort de la Flandre et de l'Alsace, et la paix des Pyrénées contenait en germe la succession d'Espagne : Mazarin avait fait plus que de l'entrevoir, il l'avait formellement annoncée.

A Richelieu s'arrête donc l'œuvre de la constitution territoriale et monarchique de l'ancienne France, et sa sévère figure apparaît à la limite de deux âges comme le géant du Camoëns à la limite de deux mondes. De Louis XIV à 1789 s'étend cette époque de transition, cette ère bâtarde qu'on appelle *l'ancien régime*, et qui n'a rien ni de la sève du passé, ni de la sérieuse virilité du présent. Ce fut un temps glorieux, sans doute, pour les travaux de l'esprit comme pour ceux des armes ; mais, dans ce mouvement où le XVIIe siècle fit dominer le génie classique, où le XVIIIe fit prévaloir l'esprit cosmopolite, la physionomie de la vieille France disparut sans retour. La Bastille et l'Œil-de-bœuf au lieu des états-généraux et des parlements, la rivalité des maîtresses au lieu des guerres civiles, la légitimation des bâtards après les apothéoses de Versailles ; à la suite de Lionne et de Colbert, formés à l'école des deux grands cardinaux, une succession de secrétaires d'état et de contrôleurs-généraux, qui n'ont d'autre souci que d'exploiter la nation pour faire vivre les courtisans ; les triomphes de Louis XIV aboutissant enfin, sous son triste successeur, à l'abandon de la Pologne, à l'évacuation des Indes Orientales et du Canada, tel est le bilan de cet *ancien régime*, où les hommes et les choses, les principes et les conséquences restent engagés dans une solidarité humiliante, mais légitime.

Louis de Carné

Six personnages se dégagent donc, entre tous les autres, du fond de cette grande épopée, au frontispice de laquelle est inscrit le nom de la France : figures bien distinctes quant au caractère individuel qu'elles expriment et au temps où elles se produisent, mais toutes semblables quant à la pensée qui les inspire et à la tâche commune qu'elles poursuivent. L'abbé Suger représente le pouvoir royal au moment où, par son association avec l'idée cléricale, il acquiert l'entière conscience de sa mission politique ; saint Louis est la plus haute expression de la royauté comprise dans le sens chrétien ; Duguesclin ouvre avec son épée les entrailles de la patrie pour en faire sortir un long cri de délivrance ; Louis XI accomplit contre la féodalité apanagère le même travail que Louis IX contre la féodalité baroniale ; Henri IV conserve tous ces grands résultats en faisant avorter le protestantisme ; Richelieu livre un dernier combat et met Louis XIV en mesure d'hériter du travail des siècles. Ce sont là les hommes-principes dans lesquels se condense la vie de tous, et qui résument, sous les formes les plus saisissantes, le long drame de l'histoire nationale.

J'ai cru que des travaux détachés, reliés entre eux par la même pensée, pouvaient présenter de l'intérêt et n'être pas inutiles au progrès des études historiques ; j'ai pensé qu'il y avait quelque avantage à faire toucher au doigt, en lui donnant un corps, la grande idée qui a fait la France, et à suivre le mouvement de cette société dans la vie des hommes qui en ont été les principaux instigateurs. En groupant ainsi l'histoire autour des noms qui l'expriment, je n'ai point prétendu écrire une œuvre d'érudition, car je me suis moins proposé de rechercher des faits nouveaux que de montrer les personnes sous leur jour véritable : il n'est pas un fait de quelque valeur pour lequel je ne sois remonté aux sources en méditant des témoignages contemporains. Je me suis efforcé d'aspirer l'air des siècles et d'y vivre moi-même avec les hommes dont je recherchais les traces, et je n'ai emprunté à notre société nouvelle que l'expérience acquise par les révolutions, étincelant flambeau qui éclaire le passé aussi bien que l'avenir.

L'unité suivant laquelle s'est moulée la France a imprimé à son génie un sceau indélébile ; cette unité a façonné le caractère de la nation en même temps qu'elle a décidé de sa fortune. En recevant de Dieu l'énergie nécessaire pour résister à l'Europe qui la pressait dans un cercle de fer, la France n'a pu manquer d'acquérir une grande force d'expansion extérieure pour ses idées, car la puissance de dilatation est toujours proportionnelle à l'énergie centrale ; elle a dû contracter des habitudes intellectuelles analogues à la loi en vertu de laquelle elle s'est trouvée constituée, et son esprit logique s'est façonné par l'élément générateur de son histoire. Marchant droit à son but par une seule voie et sans ambages, elle s'est efforcée de réaliser ses idées aussitôt qu'elle les a conçues, et, ne séparant jamais la théorie de l'application, elle est devenue le plus logique et dès-lors le plus naturellement révolutionnaire des peuples.

Les périls contre lesquels elle eut à se défendre depuis son berceau jusqu'aux jours de ses plus glorieux triomphes ne pouvaient manquer de donner à ses enfants des mœurs toutes militaires : aussi ce peuple est-il une armée et la France est-elle un camp. Lorsqu'elle ne fait pas la guerre, elle semble toute dévoyée dans le monde et comme embarrassée d'elle-même. Nos malaises intérieurs n'ont pas une autre cause. L'œuvre de transformation pacifique, tentée de nos jours par une royale sagesse, ne sera si grande devant la postérité que parce qu'elle est si difficile : ce n'est pas seulement contre l'esprit de révolution que le prince éminent appelé au trône en 1830 a dû engager une lutte persévérante ; pour rejeter la France de la guerre dans la paix, des champs de bataille dans les ateliers, d'une vie de hasards dans une vie de calculs, il a fallu triompher du vieux génie de la nation appuyé sur dix siècles de son histoire.

Si le mode d'après lequel s'est formée la France l'avait prédestinée à la gloire des armes, il était loin de l'avoir préparée à la pratique de la liberté, et rarement les précédents d'un peuple furent plus en opposition qu'ils ne l'étaient au début de la révolution française avec l'œuvre d'organisation constitutionnelle qui s'opérait alors. La guerre déclarée pendant tant de siècles à toutes les existences indépendantes avait ôté à tout le monde le goût autant que l'habitude de l'indépendance. La nation, qui n'avait fait de grandes choses qu'à l'impulsion et au profit du pouvoir royal, avait perdu toute spontanéité et ne marchait plus sans être conduite. La noblesse la plus brave de l'Europe était aussi la plus dénuée d'esprit politique. En prodiguant son sang sur tous les champs de bataille, de Bouvines à Fontenoi, elle s'était crue quitte envers la patrie, et ne s'était jamais inquiétée ni de représenter les intérêts de la nation ni même de défendre les siens. Les légistes, qui l'avaient supplantée dans la confiance royale, eurent une carrière marquée par deux phases distinctes : dans la première, ils furent les instruments ardemment dévoués de la couronne ; dans la seconde, ils tentèrent d'absorber à leur profit une large part de sa puissance ; mais, dominés par l'esprit de corps qui resserre les âmes autant que l'esprit de parti les dilate, les membres austères des parlements, véritables moines de la vie laïque, se préoccupèrent bien plus de conquérir des pouvoirs étrangers à leur institution que d'exprimer la vie nationale, aux ardentes émotions de laquelle leur impassibilité les laissait étrangers. Dans cette abdication générale de toutes les forces constituées, la royauté était donc devenue, par la nature des choses, la seule autorité vraiment nationale, la seule qui fût comprise et aimée du peuple. Elle n'était pas, comme aujourd'hui, une partie intégrante des institutions : c'était, à bien dire, la constitution tout entière. On comprend dès-lors quel abîme dut s'ouvrir lorsque la foudre frappa le trône et que la société française fut ainsi renversée par sa base. A part les livres des philosophes et l'enceinte de quelques académies, la liberté n'avait pas un asile duquel elle pût sorti pour prendre possession de cette terre qui l'invoquait pourtant avec des cris de rage : elle était restée étrangère aux mœurs aussi bien qu'aux institutions. Aussi, dès les premières difficultés, la nation n'éprouva-t-elle aucun scrupule à suspendre la jouissance de ce bien idéal dont elle n'avait ni l'instinct, ni l'habitude, et qu'elle ne connaissait encore que par les vagues théories de Jean-Jacques Rousseau et les systématiques combinaisons de Montesquieu.

Toutefois, si ses précédents historiques étaient loin de préparer la France à la vie publique et aux mœurs constitutionnelles, ils la prédisposaient admirablement pour le régime de l'égalité civile aussi bien que pour celui de l'unité administrative. Autant la révolution rencontra d'obstacles pour organiser l'exercice des droits politiques, autant elle trouva de facilités pour abolir les privilèges qui séparaient encore les castes et pour imposer à tous le niveau du droit commun. Le doublement du tiers-état, l'abolition des trois ordres, leur fusion dans une assemblée unique, l'égalité des impôts, l'admissibilité de tous les citoyens aux charges publiques, la renonciation à toutes les prérogatives et même à toutes les distinctions nobiliaires, tout cela fut opéré en quelques jours d'entraînement, parce qu'en cela l'œuvre de la révolution avait pour racine l'œuvre du temps.

Suger, saint Louis, Duguesclin, Louis XI, Henri IV, Richelieu, avaient déblayé par l'épée et par la hache le terrain où l'assemblée constituante s'assit en souveraine ; Mirabeau fut le successeur logique de ces grands réformateurs, tous ignorants de la portée définitive de leur mission, mais tous remplis de confiance en elle. En abolissant la noblesse, on s'inspirait d'une idée à laquelle les victoires de la royauté n'avaient pas moins préparé que celles de la philosophie moderne ; en substituant les cases d'un échiquier géométriquement découpé aux antiques provinces du royaume, on continuait l'application du système qui les avait réunies à la couronne ; lorsque l'on organisait d'après un même principe l'administration de la justice par toute la France, depuis le tribunal de paix jusqu'au tribunal de cassation, on restait fidèle à la pensée des établissements de saint Louis ; et, quand la constituante remania toute l'administration territoriale et financière, elle se trouva souvent dans le cas d'appliquer des vues qui se rencontrent en germe dans les lettres de Louis XI, dans la correspondance d'Henri IV et dans les écrits politiques du cardinal de Richelieu. Aussi ces tentatives, quelque hardies qu'elles parussent être, se développèrent-elles heureusement, parce qu'elles avaient leur généalogie dans l'histoire. Toute cette partie du travail révolutionnaire fut donc accomplie sans bouleversement et presque sans résistance, grâce à l'impulsion qu'elle reçut du génie national. Les intérêts froissés subirent la loi des temps et eurent le plus souvent l'honneur de devancer des sacrifices reconnus nécessaires. Ce ne fut ni la réunion des trois ordres, ni la nuit du 4 août, ni la suppression des parlements, ni la substitution des départements aux provinces qui provoqua la lutte où la révolution faillit succomber sous le coup de ses propres fureurs. La patrie de Clisson et celle de Plantagenet s'étaient laissé affubler du nom de départements du Morbihan et de Maine-et-Loire ; le palais où siégèrent les Molé et les Séguier avait vu monter sur ses sièges vénérés des magistrats obscurs ; les descendants des plus grandes maisons du royaume faisaient assaut de patriotisme et de dévouement avec la bourgeoisie, et nulle part il n'y avait encore à signaler de sérieuses résistances. Mais, après qu'on eut fondé l'égalité civile et l'uniformité de législation, et lorsqu'on fut dans le

Louis de Carné

cas d'aborder les questions vraiment politiques, c'est-à-dire celles qui se rapportaient à la constitution et à la pondération des pouvoirs, le législateur, loin d'être soutenu, comme il l'avait été d'abord, par le sentiment public, se trouva contrarié par lui dans la partie la plus difficile de sa tâche. Le droit de *veto* fut attribué à la couronne, et, quand celle-ci prétendit s'en servir pour résister aux entraînements populaires, on la paralysa par l'émeute ; on proclama la liberté de la presse, et, lorsque quelques journaux contrarièrent les opinions dominantes, on lanterna les journalistes ; on fit de pompeuses déclarations en faveur de la liberté des cultes, pendant qu'on dressait la constitution civile du clergé, et les violations les plus patentes du pacte si solennellement juré ne soulevèrent au sein des masses ni improbation, ni colère. La France n'admettait pas la légitimité d'une résistance contre sa pensée du moment ; nul n'avait été enseigné à croire au droit d'autrui et à lui subordonner le sien ; la nation n'entrevoyait la loi qu'à travers le prisme de sa passion, et jamais son cœur ne fut plus étranger au sentiment de la liberté véritable que lorsqu'elle en invoquait le nom et qu'elle allait mourir pour elle sur tous les champs de bataille.

En Angleterre, le pays avait fait un long apprentissage des institutions libres ; il avait combattu à Runnimeade pour la cause qu'avait fait triompher le stathouder de Hollande après plus de quatre siècles : aussi sa constitution parlementaire se confond-elle aujourd'hui avec sa vie historique ; mais, spectacle remarquable et digne des plus sérieuses méditations ! l'Angleterre reste, de nos jours, aussi étrangère au sentiment de l'égalité civile et de l'unité administrative que la France de 1789 pouvait l'être à celui de la liberté politique. L'une, préparée par l'influence de l'aristocratie au rôle qu'elle remplit dans le monde avec tant d'éclat, n'a pu conquérir encore ni l'habitude, ni le goût de la vie démocratique, et le droit d'aînesse, par exemple, est demeuré aussi populaire dans ses chaumières que dans ses châteaux ; l'autre, façonnée par la main du pouvoir à sa mission de nivellement social, n'acquiert qu'à grand'peine et au prix de longs efforts le respect du droit d'autrui et de cette religion de la loi par laquelle grandissent les peuples libres. L'Angleterre, dotée de la plus vigoureuse constitution de l'Europe, n'a pu parvenir à se donner un système de procédure raisonnable et une administration quelque peu régulière. De son côté, la

France, qui a inauguré la démocratie dans la famille comme dans l'état, et subi avec un rare bonheur les expériences les plus audacieuses, depuis l'unité des départements jusqu'à celle des poids et mesures, la France des rois absolus et des parlements en est encore à s'inquiéter du froc d'un capucin et à disputer aux familles le droit de disposer de l'avenir moral de leurs fils. Voilà ce que l'esprit aristocratique a produit d'un côté du détroit, et ce que la suprématie royale a préparé de l'autre ; voilà l'œuvre des principes rendue sensible par leurs conséquences, et les infirmités du présent éclairées par la lumière que le passé projette sur elles.

Lorsque le parti tory défendait, dans le Royaume-Uni, l'acte du *test* et les *bourgs-pourris*, il le faisait au nom des institutions paternelles. Lorsque l'on combat en France la liberté de l'enseignement, on le fait en se prévalant de la grande loi d'unité d'après laquelle a été constituée la nation. Ce sont là des arguments qui finiront par se briser sans nul doute contre le génie et les besoins des sociétés nouvelles ; mais s'ils descendent si avant dans le sentiment public, malgré la contradiction qu'ils impliquent avec tous les principes qui nous régissent, c'est parce que les souvenirs du passé semblent les revêtir d'une sorte de consécration. Prétendre élever systématiquement un édifice sur une base purement historique, c'est engager contre son temps une lutte où la victoire ne saurait manquer de rester au présent contre le passé ; mais gouverner les peuples sans connaître les lois spéciales de leurs développements antérieurs ou en ne s'en préoccupant point, c'est se heurter contre des résistances invincibles, et renoncer à la fois à les dompter et à les comprendre. L'homme politique qui aura médité sur le passé ne s'étonnera point des difficultés qu'éprouve la Grande-Bretagne lorsqu'elle s'efforce de réformer ses plus mauvaises lois et d'organiser dans son sein un système d'administration en harmonie avec les besoins multipliés des sociétés nouvelles ; il ne s'étonnera pas davantage des obstacles que rencontre, non dans nos lois, mais dans nos mœurs, la large application des saines théories parlementaires et des doctrines libérales sérieusement entendues ; il comprendra, enfin, que la vie nationale doit se révéler sous des aspects différents, selon qu'elle s'est épanouie sur tous les points de la surface, comme en Angleterre, ou qu'elle a rayonné, comme en France, du centre aux extrémités.

Louis de Carné

ISBN : 978-1534929678

www.ingramcontent.com/pod-product-compliance
Lightning Source LLC
Chambersburg PA
CBHW062028280526
45787CB00005B/2248